Memorias cor

MEMORIAS CON VIDA

Se vale soñar

Mirza Asebedo Salina

Mirza Asebedo Salina
https://cutt.ly/uE5sama

DEDICATORIA

Este libro se lo dedico a mi madre, por ser una guerrera de vida, por su entrega para sacarnos adelante a pesar de vivir una situación difícil y por ser mi inspiración para luchar por mis sueños.

También se lo dedico a todas aquellas personas que guardan sueños en sus corazones, los cuales pensaron que sólo eran una ilusión, que no se podía por falta de recursos o de oportunidades.

Esperando que a través de éstas vivencias pueda llenarlos de optimismo para que no estanquen y hagan fluir todos esos sueños e ilusiones y puedan concretarlos en realidades.

MIRZA ASEBEDO SALINA

Nace en Llano Grande, Florencio Villa real, Las Vigas, Guerrero el 4 de octubre de 1977, posteriormente cursa sus estudios de educación Primaria en la comunidad de La Soledad, Villa de Tututepec, Juquila, Oaxaca, los demás estudios de preparación hasta la carrera los cursa en la comunidad de Rio Grande, Oaxaca, donde se recibe de Licenciada en Educación Primaria.

Durante sus primeros años de servicio se desempeñó como docente frente a grupo en la Escuela Primaria Niños Héroes de la comunidad de Santa María Acatepec, ocupando la subdirección por algunos años.

Después toma el cargo de Directora comisionada con grupo en la Escuela Primaria 20 de noviembre de la comunidad de El Zanjón, Villa de Tututepec.

Actualmente labora como docente en la Escuela Primaria Profr. Lizandro Calderón de la comunidad de Rio Grande, Villa de Tututepec.

Autora de ésta primera obra "Memorias con vida", Se vale soñar.

Prólogo

Memorias con vida es un libro que nos abre una ventana a una vivencia que proviene del campo, donde el dolor pesa, pero el deseo de superarse logra ponerse delante.

Más, si se es niño, porque en la niñez no se ve el tamaño de la pena, ni el tiempo que dura, sino que a través de la inquietud se paraliza al temor, porque se sueña en medio del dolor.

Este libro comprende de ocho capítulos dentro de los cuales, cada uno nos narra una vivencia y nos da una enseñanza de lucha diaria.

Al llegar a un nuevo hogar, sin conocer a nadie, en un lugar desconocido y temeroso donde reina el silencio y hace que todo parezca gris, aparecen sucesos que traen días llenos de color, donde la inquietud que se ve tan frágil y los sueños, son el motor principal para salir adelante.

Y aunque como adultos veamos las cosas tan naturales o tan simples, si ponemos atención el niño a lo simple le da vida, y a lo desconocido le da una explicación que quizás para nosotros no sea lo que esperamos, pero para él es toda una emoción.

Con la mente inocente y un corazón que anhela igualdad para todos los niños, se guarda la esperanza de que un día habrá un obsequio para todos y en estas vivencias vemos como milagrosamente ese deseo se hace realidad a través de un corazón aparentemente duro, el cual deja huella para las futuras generaciones.

A veces cuando pasamos por la vida hay cosas o situaciones que se esperan, pero que nunca llegan, lo que nos permite comprender al final, que esa espera estará por siempre en el corazón, sin dejar de lado lo que en verdad tiene valor.

A pesar de la corta edad se analiza la realidad en que se vive y se buscan nuevas oportunidades de superación con la meta fija de mejorar la situación en la que se está y aunque se tenga que pasar por pruebas y obstáculos se tiene que ir siempre hacia adelante.

Como decía el padrino Juan, " Nunca hay que rendirse, mientras haya vida, siempre se debe ir hacia adelante".

Esta obra nos invita a no darnos por vencidos, ya sea por la situación económica o por el lugar de origen, todos podemos salir adelante siempre y cuando tengamos las ganas de hacerlo, todo es posible lograr si lo hacemos con esfuerzo y dedicación.

Mirza Asebedo Salina
https://cutt.ly/uE5sama

Capítulo 1

Un nuevo hogar

Mientras que el sol bajaba por el horizonte, mamá y yo salíamos del pueblo, aún recuerdo como si fuera un sueño que mis manos se perdían en las manos de mamá.

- ¿A dónde iremos? __. Veo que mamá está nerviosa y sus manos están sudando.

El pueblo ya quedó atrás, tal parece que en este lugar no hay personas, hay mucha vegetación por todos lados.

El viaje dura muy poco y después de unos minutos la camioneta se ha detenido, hemos bajado, el lugar está totalmente lleno de arbustos y grandes palmeras, todo se ve muy solo.

Por un momento tomé la mano de mamá y le he preguntado: _ ¿En dónde estamos mamá?

Mamá se pone nerviosa como cuando no encuentra palabras para responder a mis preguntas y me susurra muy despacio.

__ En este lugar viviremos, aquí estaremos muy bien, tendrás una linda familia, será nuestro nuevo hogar.

En ese momento me di la vuelta, vi los árboles, el callejón y un vacío hasta el final. El miedo se apoderó de mí porque se empezaba a oscurecer mientras mamá y yo caminábamos muy solitas al interior de la comunidad.

En el transcurso pienso en la abuela, en mis tíos y me aflijo porque creo que no volveré a verlos, ni podré jugar con mis tíos.

Después de caminar un rato llegamos a un corral cercado con alambre y con una tranca atravesada con unos palos largos; al fondo se podía ver una casita de palapas y de la puerta de la casa salía un señor que me miraba con cierta desconfianza.

Al verlo tan serio mi miedo se hizo más grande y lo único que me sostenía en ese momento era la falda de mi mamá, podía pasar las peores cosas al lado, pero estando junto a mi madre estaba segura.

Cuando el señor nos vio se acercó a mamá y la invitó a pasar, en ese momento mis piernas flacuchas temblaban y mis ojos parecían enterrarse en el suelo.

Mamá entró a la casa y yo me fui a un rincón, no sabía qué hacer, todo mi mundo había cambiado, ya no había con quien jugar, ni con qué hacerlo.

Durante los primeros días la casa parecía desfile de modas, muchas personas visitaban a mamá y todas al mismo tiempo me preguntaban mi nombre.

Mi voz se quedó ahogada, tal parecía que las palabras habían escapado de mi boca, todos me miraban y en mi mente solo pedía que se fueran porque no los conocía.

Como perrito asustadizo corrí a esconderme tras el vestido de mamá, pegada a ella con el dedo en mi boca miraba a las visitas.

Las personas al ver mi reacción empezaron a murmurar que: si era muda, o que, si era grosera, algunas personas incluso comentaban que el primo llevó una nueva esposa, que para colmo traía a una niña flacucha, y esa niña flacucha era yo.

No entendía quiénes eran esas personas, ni que buscaban ahí, así que le pregunté a mamá:

- ¿Quiénes son ellos mamá?

Mi mamá me contestó que eran mi nueva familia, que los adultos serían mis tíos y los chicos mis primos. Además, tenía que respetarlos, empezando por el señor, porque él sería mi papá.

No entendía lo que pasaba a mi alrededor, pero tener más familia era bueno y tener un papá era mucho mejor, no conocía a ningún papá y ahora ya tenía uno.

Pasaron los días, de repente las hojas verdes de los árboles se empezaron a caer y al poco tiempo llegó el frío.

Todo parecía estar tranquilo, mamá estaba engordando y de repente con la despedida del invierno ya había una bebé en casa, no entendía de dónde había salido, pero estaba feliz porque decían que era mi hermanita y era una emoción cuidarla.

Junto a la casa vivían unos viejitos (que con el tiempo fueron mis padrinos) ellos estaban solitos y me llamaban para platicar, después que volvía a casa me daban frutas de sus árboles. Eso alegró mucho mis días, porque me contaban de los tiempos de la revolución y me daban chocolate caliente.

Una noche mientras dormíamos escuché el grito de mamá que decía angustiada:

-Deja ese machete, ¿A dónde vas a esta hora?

Me desperté y le pregunté a mamá: _ ¿Qué pasa? ¿Por qué llora mamá?

Como algo lejano recuerdo que mi madre me abrazó y me dijo: __ ¡Duérmete! no pasa nada.

Me volví a acostar y veía que mamá daba vueltas y vueltas.

Al poco rato, me levantó, tomó un petate y un pabellón y nos llevó bajo un árbol de guayabo y me dijo:

_Voy a salir, cuidas bien a tu hermana, no vayas a salirte de aquí, yo regreso luego.

Todo estaba en completa obscuridad, sólo se escuchaba el ladrido de los perros y a lo lejos reinaba el silencio.

A esa hora tenía mucho miedo, porque bajo el guayabo había animales peligrosos, ahí siempre me salía una culebra y yo me encontraba durmiendo en ese lugar con mi hermanita.

Ese pequeño lapso de tiempo se me hizo una eternidad, lo único que deseaba es que mamá regresara y se quedara con nosotros.

Entre mis miedos y pensamientos temerosos me venció el sueño, al poco rato me despertó el canto de los gallos y los gritos de mi mamá.

Me levanté y lo primero que vi fue que mi papá había llegado tomado y con la camisa con sangre.

Mi mamá estaba llorando y yo sólo me preguntaba por qué lloraba mamá.

Ya cuando estaba aclarando el nuevo día, uno de los tíos llegó bien enojado a levantar a mi papá a quién le dijo:

___ ¡Muy chulo hiciste anoche cabrón!, así como fuiste bueno para lastimar a tu tío, ahora vas a ser bueno para responder.

Diciendo esto se lo llevó de la casa, papá iba cabizbajo y mamá se quedó en la puerta con cara de preocupación.

Por mi corta edad no lograba entender lo que pasaba, pero sabía que algo malo había hecho papá para que le hablaran así.

Los días siguieron pasando y papá todos los días se levantaba temprano y se iba, mientras que mamá se la pasaba todo el día trabajando, mi hermanita y yo siempre nos quedábamos en casa.

 Aún recuerdo que mi hermana lloraba mucho hasta que mamá llegaba, quizás la extrañaba más que yo y por más que le cantaba no lograba calmarla.

Las tías murmuraban que papá había lastimado a un tío y que por eso estaba trabajando para él, ahí entendí el por qué lloraba mamá.

A veces pensamos que los niños no piensan, que sólo juegan, comen y ríen, pero no es así, en ese momento yo no quería que mamá pasara por ese sufrimiento y quería que la situación se compusiera.

También entendía que embriagarse era malo porque la gente se volvía agresiva y esto ocasionaba problemas, no sólo al que tomaba, sino también a los que estaban a su alrededor.

Después de varios días papá regresó a la casa, pero su rostro estaba molesto y cada día tomaba más y cuando regresaba era un campo de batalla en la casa.

A mamá la veía siempre molesta, escondiendo cuchillos y machetes, que con el tiempo fue un hábito que quedó para nosotros, principalmente para mí por ser la mayor.

A cómo pasaba el tiempo llegaban más hermanitos y la situación en casa se tornaba más difícil y temerosa, por la economía y porque cada día había más violencia.

Mamá se empezó a dedicar a hacer quesos y salía a venderlos; mientras tanto nosotras nos quedamos solas en casa, todo el tiempo teníamos mucho miedo.

Ya que llegaba la tarde por precaución había que guardar cuchillos y machetes en caso de que papá volviera tomado y nos metíamos a nuestro escondite secreto, (debajo de la cama), donde jugamos el resto de la tarde, hasta la llegada de mamá.

Con este temor se vivió por mucho tiempo, pero gracias a Dios siempre salimos librados, fueron muchos sustos, sin embargo, lo importante fue sobrevivir y que papá fuera cambiando en su proceder.

Memorias con vida: Se vale soñar.

Capítulo 2

¡De castigo a la escuela!

A pesar de que el entorno sea hostil, el niño siempre será niño y siempre anda en actividad, él no deja de vivir, mucho menos de soñar, a su mundo gris le da color.

Durante esta etapa siempre están en descubrimiento todo es novedoso y la inquietud se hace presente en todo momento.

Tal fue mi caso, a la edad de cuatro años, a punto de tener los cinco años de edad, a tan temprana edad me encargaba del cuidado de mi hermana menor y muy pronto llegaría un miembro más a la familia.

Ese día como muchos otros mis padres salieron muy temprano de casa, mamá a vender y papá al campo.

Verlos salir era en pensar en una aventura más o añorar la llegada de don Nacho, un señor del pueblo al que le encantaba contar cuentos y a nosotros nos apasionaba escucharlos.

Pero ese día era el momento oportuno para ver que había en el maletín negro que veía tanto papá todas las mañanas, sabía que era importante porque todos los días lo abría, lo cerraba y se llevaba la llave.

Ese día estaba destinado a averiguar que escondía papá en la mesita de madera, me inquietaba conocer el tesoro escondido.

Así que entré al cuarto donde papá guardaba las cosas importantes, y ese lugar era la mesita de madera y ahí estaba el maletín.

 Sin embargo, ese maletín tenía llave, así que busqué la forma de abrirlo sin dejar rastro, necesitaba algo con que abrirlo sin dañarlo y que nadie se diera cuenta de que lo habían tentado, ese era mi pensar.

Así que agarré un pasador que ocupaba para el cabello e intenté muchas veces abrirlo, pero no pude, y así estuve tratando de abrirlo por muchos días hasta que por fin el maletín se abrió; en esa mañana había obtenido un gran triunfo.

Abrí con cuidado el maletín. En la parte de arriba había paquetitos de dinero y me puse a contarlos, después los dejé a un lado. Cuando se es niño no captamos el amor a lo material, lo simple, lo casual es el asombro.

Busqué en la parte de abajo y ahí había algo que no esperaba, era algo hermoso, era un libro con dibujos de muchos colores, con una mujer que tenía una bandera en la mano.

El libro estaba casi nuevo, también había una libreta nuevecita y ya en el fondo un lapicero que brillaba muy bien.

Mis ojos brillaron aún más al ver tan gran tesoro; rápidamente saqué el libro, la libreta y el lapicero. Imaginen todo eso en manos de un niño, sí que se avecinaba un verdadero peligro.

Metí en el maletín con mucho cuidado los paquetitos de billetes y me llevé el libro bonito, la libreta que tenía las hojas blancas, blancas y aquel lapicero que estaba en el fondo.

Busqué unas tijeras, abrí el libro y me quedé maravillada al ver un campo verde, verde como el lugar donde vivía y unos borreguitos como los que cuidaban los niños del lugar y a un niño como los niños del pueblo.

Ese niño cuidaba unos borreguitos; más tarde me di cuenta que era don Benito Juárez, pero en ese momento no sabía nada, pensé que era un niño cualquiera y empecé a recortar primeramente todos los borreguitos y hasta al final al pastorcito.

Agarré los dibujos y me metí en mi escondite seguro (debajo de la cama), en ese momento, yo no pensaba en el cuidado de mi hermanita.

Aunque sabía que la mayor parte del tiempo mi hermana se la pasaba dormida, mi único pensar era hacer un cuento con los dibujos, como los cuentos que contaba don Nacho, así de bonito tenía que quedar el mío.

Tomé la libreta y busqué pegamento en la caja de herramientas de papá y por suerte encontré pegamento con el que se pegaba la madera.

Abrí la libreta nueva y empecé a pegar uno a uno los borreguitos hasta que logré pegarlos todos, los separé dejando espacios entre uno y otro.

En la parte de abajo le puse algunos trazos hoja por hoja, según yo era el escrito de la historia, ¡Que imaginación la mía!

Aún no sabía escribir, pero era buena para rayar (eso estaba más que claro), no había hoja que se me escapara, para mí era contar algo con cada borreguito, a los escasos cuatro años de edad.

Tan entusiasmada estaba con mi trabajo de escritora que no vi llegar a papá, creo que al ver todo callado imaginó que nada bueno estaba haciendo.

Cuando me vio con la tijera en las manos, un libro hecho andrajos y una libreta empapada de papeles y resistol, me miró con aquellos ojos que mataban con tan solo verlos y me gritó:

_ ¿Qué haces chamaca cuzca?

Sólo es un libro pensé, pero a él no le parecía gustarle o quizás no le vio forma de libro.

Me arrebató las cosas de la mano y me sacó fuera del cuarto y no era para menos, había destruido algo de gran valor para él.

No salió del cuarto hasta que llegó mi mamá, al verla me puse más fría que una mañana de invierno y estaba más asustada que los zanatitos en el nido al correr el viento.

Mi mamá entró corriendo desesperada preguntando por papá y me miró bien seria, yo estaba escondida tras la puerta y me preguntó: _ ¿Qué hiciste? __ Pobre mi madre ya me conocía.

Me quedé muda, mientras que mi corazón se aceleraba sin parar, no encontraba palabras para explicarles que yo había hecho un cuento.

Mi papá salió del cuarto a enseñarle su libro y su libreta destruida a mi madre, yo que todo lo veía sin perder detalle, dije en mis adentros:

__ ¡Trágame tierra! _ Fue la primera vez en que deseaba salir huyendo, pero pues había que enfrentar lo que había hecho.

Papá y mamá empezaron a discutir porque papá decía que ese libro era un recuerdo de cuando era niño y la libreta había sido un regalo de juventud.

Que checara mis manos, que yo era una niña tentona, y que debía corregirme.

En ese momento me di cuenta que en verdad había sido una travesura muy grande, sabía que de una buena tunda nadie me salvaba, pero mi inquietud era más grande, porque mis ojos estaban puestos en el cuento que había hecho.

De repente papá bien molestó tiró el libro y la libreta; la obra de arte que me había costado tanto hacer, ya no existiría más, estaba en el bote de basura.

Me puse a llorar porque era el primer cuento que había hecho, pero que nadie lo había podido leer y lo más triste aún era que habían quedado algunos dibujos en el otro libro y ya no los iba a aprovechar.

Mi mamá no sabía qué hacer con tanta inquietud; ni yo tampoco creo iba a saber cómo aguantar a alguien tan inquieto, lo que sí sabía mi mamá es que se le tenía que poner remedio a la situación.

Toda la noche pensó en qué hacer, debía haber un castigo, pero no encontraba uno que dejara huella y aprendiera la lección.

Al otro día muy de mañana, antes que aclarara el alba, mi mamá me levantó a jalones y me dijo:

__ ¡De castigo a la escuela!, ahí vas a saber lo que es bueno.

Aún toda adormitada me preguntaba: __ ¿A la escuela?, ¡Sí!, qué bueno, ahí voy a ocupar cuadernos y lápices y va a haber libros más bonitos.

Rápidamente me metí a bañar, mi mamá agarró la morrala del mandado, metió un cuaderno marca Polito y un pedazo de lápiz, me tomó de la mano y me llevó a la escuela con apenas cuatro años de edad.

La escuela no quedaba lejos, pero para mí era otro mundo, veía a niños grandes y chiquitos.

Todos estaban reunidos en un mismo lugar, mientras mi mamá me jalaba, yo no perdía de vista todo lo que había a mi alrededor, todo era grandioso, los niños, los maestros y hasta los salones me maravillaban.

Al llegar a un salón casi descubierto, con un techo de teja vi a varios niños y a una joven muy linda que cantaba.

Quedé impactada, ella sería mi maestra, tendría que ser ella, porque se veía muy dulce; ella era la maestra Socorro, un ángel que había llegado a ese lugar.

Mi mamá se le acercó a la maestra y le preguntó:

__ ¿Usted les da clases a los niños chiquitos?

La maestra sonrió y le dijo que si, entonces mi mamá me entregó con ella de una forma brusca y le dijo:

__Aquí le traigo a esta niña, a ver que hacen con ella porque ya no la aguantamos en casa, todo lo daña, todo lo destruye.

La maestra al verme (yo creo que le parecí muy pequeña) sonrió, me tomó de la mano y me llevó a su escritorio, se sentó en su silla, me puso sobre sus piernas, me miró y me dijo: _ Michí, has llegado al lugar del saber.

Y siguió cantando: __ Rueda, rueda pelotita, rueda, rueda, sin cesar, que la niña va corriendo y pronto te va a alcanzar.

Hasta esos momentos, ese día había sido el más feliz de toda mi vida, había entrado en un lugar donde había cosas nuevas, alegría y tranquilidad.

¡Claro! mi mamá nunca supo, o quizás se daría cuenta, que el castigo se había convertido en premio, un premio que vino a ser premio en toda la familia.

Iba todos los días a la escuela como si estuviera en la casa del tesoro, como si cada día fuera una pista más, como si ir a la escuela fuera ir a un día de fiesta.

Mientras que en casa me esperaban todos los días con ansias de saber lo que había aprendido, y si no me acordaba no había cuarta que no pudiera hacerme recordar rápidamente.

Mi mamá no sabía leer, pero era muy lista, nadie la podía engañar y no había día que no preguntara: - ¿Ya hiciste la tarea?

Hacer la tarea, para mí, era un gozo, porque eran nuevos aprendizajes, tan interesantes eran que le decía a mi madre que cuando fuera grande yo iba a saber hacer de todo, que iba a aprender mucho.

Mi papá también estaba intrigado porque no tenía cara de castigada, y mi inquietud no se había calmado, sino que había aumentado.

 Ahora me la pasaba pegada a los libros en todos mis espacios libres, hasta en las noches estaba con el candil a un lado y desgranando la mazorca.

Parecía toda una cigarra, porque ahora no solo tentaba, sino que también cantaba y sentaba a mis hermanitos para contarles cuentos.

Al cabo de dos meses ya parecía un perico cantando y leyendo, mi mamá estaba muy feliz, sabía que el llevarme a la escuela era bueno, pero no pensó que los avances se verían tan pronto.

Mi mamá hasta puso una tiendita y me dijo:

__ Ahora ponte lista a hacer cuentas, porque tú anotarás en la libreta lo que se lleven fiado y anotarás lo que valen las cosas.

Mi maestra estaba también muy contenta, tanta era su emoción que me dio una poesía para declamar el 20 de noviembre.

En mi grupo todos aprendimos a leer muy rápido, porque a todos nos gustaba la escuela, ahí entendí que lo que era castigo para los papás, para nosotros los niños era alegría.

Tuvimos la fortuna de tener una maestra que amaba su trabajo y que se encariñó con nosotros, y yo en ese tiempo decía: __ ¡Qué bonito sería ser maestra!

Mirza Asebedo Salina
https://cutt.ly/uE5sama

Capítulo 3

Los reyes magos

La comunidad donde vivíamos era muy pobre, sólo unos cuántos niños podían tener juguetes, la mayoría de nosotros jugaba con olotes, palitos de paletas y corcholatas que se recolectaban (yo también jugué con las conchitas que me traía el tío Alfonso cuando iba a pescar).

Los pocos que tenían la oportunidad de tener juguetes de exhibición eran admirados por los demás, ese fue nuestro caso.

Yo ya tenía como siete años de edad y las preguntas sobre todo lo que pasaba a mi alrededor cada día eran más visibles y preocupantes para la familia.

Muchas de mis preguntas se quedaban en el aire, pero las que hacíamos entre niños, casi siempre tienen respuesta.

Así pasó un día en el que jugábamos con la prima vecina en torno a los juguetes que le veíamos traer año con año.

__ Oye prima, ¡Qué juguetes tan bonitos tienes!, ¿Quién te los regala?

Ella tomó una de sus muñecas, la abrazó y me dijo:

__ Me los traen los reyes magos_ Con una sonrisa de oreja a oreja.

__ ¿Los reyes magos? y esos ¿Quiénes son? _Pregunté intrigada.

Al ver que no sabíamos del tema, nos contó que los reyes magos venían de lejos y que pasaban por los pueblos a dejarle regalos a los niños y que ese año a ella le habían traído una muñeca.

Cuando terminó de hablar; con mis hermanos sólo nos miramos, la pregunta era obvia ¿Y por qué a nosotros no nos habían traído juguetes?, también nosotros éramos niños.

Entonces le preguntamos lo que había hecho ella para que le trajeran sus juguetes.

Ella nos dijo que para que los reyes nos trajeran regalos teníamos que hacerles una carta donde pidiéramos el juguete que nos gustara.

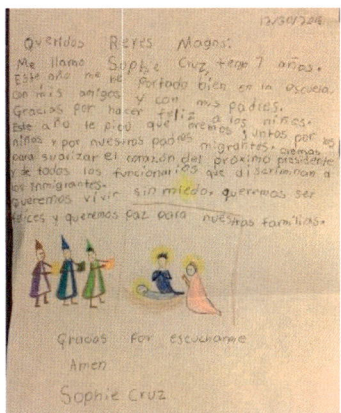

Ahí entendimos que los reyes no nos habían traído juguetes porque no habíamos hecho cartas.

Ese año con ansias esperamos que terminara, en casa seguimos haciendo lo habitual, seguimos yendo a la escuela, atendíamos el negocio, cuidábamos a los marranos, íbamos a vender, escuchamos los cuentos de don Nacho y por las noches nuestras risas se escuchaban en la oscuridad jugando a las escondidas.

Pasaron las posadas y llegó el año nuevo y ahí estábamos el cinco de enero con lápiz en mano y con las hojas de nuestros cuadernos para hacerle la carta a los reyes.

Como era la mayor fui la primera en pedir mi bicicleta tan anhelada, para mis hermanas pedí muñecas como las de mi prima y para mi hermano el pequeño pedimos una sonaja.

Doblamos las cartas y las pusimos bajo la almohada como nos había dicho la prima.

Así todos ilusionados nos quedamos dormidos, aún recuerdo que ese día me dormí con una gran sonrisa.

Al día siguiente a muy temprana hora me paré para ver los regalos que nos habían traído los reyes y para mi sorpresa, ni las cartas habían sido recogidas.

Con tristeza le dije a mis hermanos que los reyes no habían pasado por la casa y que no había regalos.

Ese día, creo que fue uno de los más quietos en mi vida, por qué hasta mi mamá se sorprendió de verme sentada platicando sola como una loca.

Y no se quedó con la duda, fue hasta donde estaba y me preguntó:

- ¿Por qué estás tan pensativa, qué mosca te picó?

En ese momento solo la miré y le pregunté:

__ ¿Por qué los reyes magos no pasan por la casa?, ¿Por qué sólo van a la casa de mi prima?

Mi mamá guardó silencio un rato y después me dijo:

__Quizás no les dio tiempo pasar o también se dieron cuenta de que ustedes se portan mal.

Eso me hizo reflexionar y prometimos portarnos muy bien para que los reyes se acordaran de nosotros cuando pasaran por el pueblo.

Al año siguiente volvimos a hacer la carta y todas pedimos bicicletas y para el bebé pedimos un carrito.

Otro año paso, otra desilusión se quedó y le volvimos a preguntar a mamá ¿Por qué los reyes no nos traen regalos a nosotros?

Aún recuerdo la tristeza que mostraba mi madre en su mirada, y para salir de la situación tan incómoda que estaba pasando me dijo: __Quizás éste año no vinieron.

Ni bien acababa de hablar, cuando llegó mi prima diciendo: __ ¡Mira la muñeca que me trajeron los reyes magos!

Con lágrimas en los ojos salimos de ahí y yo que era la más testaruda no podía entender por qué para nosotros no había juguetes, si la prima era grosera y berrinchuda y no entendía por qué de nosotros se olvidaban.

A partir de ese día dije que ya no creería en los reyes magos, porque se olvidaban de pasar por nuestra casa.

Así seguimos nuestra vida normal y casi a medio año algo diferente nos pasó, pensaba que ese año era malo desde el inicio, pero con la llegada de un señor gruñón al rancho donde íbamos a vender se completaba de arruinar el año.

Como de costumbre entramos por la orilla del portón al rancho, había que atravesar dos portones para llegar a todas las viviendas, ya habíamos atravesado un portón e íbamos a cruzar el otro cuando un fuerte grito me hizo mirar hacia atrás, un señor grandote y fuerte me estaba gritando:

_ ¡Niña! ¿Acaso no sabes leer? ¿Qué no ves el letrero?

Yo sabía que había un letrero y sabía lo que decía, pero ese letrero consideraba que no era para mí.

Entonces lo miré y le dije: __ Si se leer, ahí dice Prohibido el paso a toda persona extraña, pero yo no soy extraña, yo he venido a vender a este lugar desde que era muy pequeña y ya todos me conocen. ¿Y usted quién es?

El señor me miró de arriba abajo, con mi ropa tan sencilla, mis pies descalzos y mi canasta de pan y me dijo:

__ Yo soy el nuevo administrador del rancho y tienen prohibido venir a vender aquí, es muy peligroso que anden en la calle, porque aquí pasa el ganado.

Mi hermana al escuchar los gritos se espantó y me jalaba para irnos, mientras yo veía con enojo al señor, no era posible que él apenas fuera llegando y ya nos quisiera sacar.

El señor se fue en su camioneta y nosotros regresamos a casa y le contamos a nuestra madre lo sucedido.

Mi mamá nos dijo que en el rancho se vendía muy bien, que siguiéramos yendo, pero que tuviéramos cuidado con el administrador.

Ya eran muchos cuidados, primero los perros, luego las vacas y ahora hasta del administrador, pero valía la pena correr el riesgo, teníamos necesidad y debíamos esforzarnos.

Así anduvimos por varios meses, escondiéndonos de todo, hasta que un día, para ser precisos el día de navidad vimos a la camioneta del administrador en el pueblo donde vivíamos y atrás de él iba una camioneta cerrada e iban preguntando por los niños del pueblo.

Agarré a mis hermanos, los metí a la casa, cerré la puerta y nos metimos a nuestro lugar seguro, (debajo de la cama).

En esos momentos me sentí una fugitiva, pensaba que iban por mí y sólo por contestarle a un señor gruñón y en casa no había quien me salvara, ni mamá, ni papá estaban.

De repente escuché mucho alboroto en el centro del pueblo y los niños vecinos me fueron a gritar para que saliéramos, que habían venido al pueblo a regalar juguetes.

Y pensé en lo que decía mi madre: _ Si alguien les quiere dar algo, no lo agarren, corran y métanse a la casa.

Nosotros ya estábamos dentro de casa y por uno de los portillos de la casa pudimos ver que los niños traían en sus manos unos regalos muy bonitos y le dije a mis hermanos:

__ Vamos a ver quiénes son, que tal si son los reyes, que al fin pudieron traer regalos para todos.

Y allá nos fuimos, con pasos lentos y miradas desconfiadas, nuestros ojos eran atraídos por los juguetes, sin darnos cuenta que el señor que estaba repartiendo los juguetes era el administrador del rancho.

 Aquél ogro gruñón que me había gritado, estaba en mi pueblo regalando juguetes, ya estaba junto a él cuando lo reconocí, tomó unos juguetes y se los dio a mis hermanos y a mí me dio un paquetote grande, que casi estaba de mi tamaño.

 Con fuerza abracé el regalo, agarré a mis hermanitos y nos fuimos corriendo a casa. Ese día entendí que no todos los que te muestran una

36

cara de ogro lo son, que las personas más duras pueden tener buenos sentimientos.

Este señor ogro salvó la concepción de los reyes, quizás no eran reyes, pero en el pueblo entendimos que al menos una vez alguien nos llevó un juguete de regalo.

Ahora tal vez ya muchos lo olvidaron, sin embargo, para mí fue una vivencia con huella, porque yo decía: __ Algún día yo voy a trabajar mucho para tener dinero y podré regalarles a los niños regalos en cada navidad, en memoria de aquél señor gruñón que un día se atrevió a prohibirme el paso.

Mirza Asebedo Salina
https://cutt.ly/uE5sama

Capítulo 4

La espera

Un día revisando los documentos para el inicio de otro nuevo ciclo escolar, noté que mi acta de nacimiento era muy diferente a las de mis hermanos y empecé a leerlas, también noté que uno de mis apellidos era diferente a los otros, chequé el nombre del padre y el de la madre y también vi que era diferente, entonces recordé cómo había llegado a aquél lugar y le pregunté a mi mamá:

__ ¿Dónde está mi papá?, ¿De dónde vengo?

Hasta ese momento supe que otro papá me había engendrado y que no lo conocía, ni sabía nada de él.

Mi pregunta era el por qué yo no tenía el mismo papá de mis hermanos, que yo quería apellidarme igual que ellos y ser como ellos.

Ante ésta petición mis padres accionaron y querían complacer mi deseo.

Recuerdo que fuimos varias veces al registro y dijeron que no podían hacer nada porque mi acta era de otro estado y que, para evitar gastos, así se tenía que quedar.

Mis padres se hicieron a la idea de que llevaría un apellido diferente al de mis hermanos, pero nos criaron a todos por igual.

Cada día me desconcertaba más mi forma de pensar, de vestir y de ser. Era muy diferente a los demás, me sentía extraña en casa, mis hermanos tenían gustos muy distintos a los míos, mientras ellos veían comedias, yo quería ver los deportes, mi mamá quería ponerme vestidos y yo quería pantalones, siempre eran situaciones encontradas.

Así pasé mucho tiempo buscando similitudes y siempre le decía a mi mamá que no me parecía a nadie, que era única.

Mi rebeldía se notaba más cada día hasta que mamá dejó de insistir en que usara vestidos y comenzó a observarme sigilosamente.

Durante muchos años, cada que caía la tarde me iba a la entrada del terreno a esperar que alguien preguntara por mí, porque yo creía que mi papá me andaba buscando por todos lados y que al cambiarnos a vivir a otro lugar hacía que mi papá no me encontrara.

Un día que la situación se ponía más difícil en casa le pregunté a mi mamá: __ ¿Por qué mi papá se olvidó de mí?

Que difícil ha de haber sido para mi madre el tener que responder a tantas preguntas, pero un día, cansada de tanto preguntar me respondió:

__ Tu papá no va a venir, ese fue el trato que hicimos, además quizás ya esté muerto, porque a como era, ya hubiese estado aquí preguntando por nosotras.

Ya no volví a preguntar, pero en el fondo de mi corazón estaba la esperanza de que un día viniera a buscarme, aunque con los años entendí que tener un papá biológico era una ilusión y que a mi lado había alguien que había estado con nosotras y era quien me había visto crecer.

 Así que me esmeré en lograr mi sueño de seguir estudiando y aprendiendo cosas nuevas y dejé en manos del tiempo esa espera que nunca tuvo respuesta.

Mirza Asebedo Salina
https://cutt.ly/uE5sama

Capítulo 5

¡Yo quiero estudiar!

El tiempo de estudiar la primaria había terminado, saber que hacer después era la incógnita, en la comunidad donde vivía las mujeres no tenían la oportunidad de estudiar, porque pensaban que por ser mujeres nuestra misión era esperar un buen esposo y casarnos.

Pero mis pensamientos no eran esos, yo quería seguir aprendiendo cosas nuevas, quería mejorar mi forma de vida, conocía cómo vivían las mujeres de mi pueblo y veía mucha escasez económica y más en mi hogar y por más que buscaran ayudar a sus esposos la economía no alcanzaba para todos los gastos.

Así que me armé de valor y le dije a mi mamá:

__ ¡Yo, no me quiero casar como las demás muchachas del pueblo, yo quiero ir a estudiar!

Mi madre como siempre sólo me miró; yo veía que en la casa había necesidad, pero también sabía que la única manera de cambiar nuestra realidad era yendo a estudiar.

Entre platica y platica un día mi mamá me preguntó qué quería estudiar, entonces con mucha emoción le dije:

__ ¡Quiero ser escritora!, quiero escribirle a la vida, al agua, a la tierra y hasta al amor.

Mi madre se empezó a reír y me dijo:

__ ¡No chamaca!, si vas a ser escritora te vas a morir de hambre, las palabras no se comen, a la gente no le gusta leer, si quieres escribir deberías ser maestra como tus tíos; tu familia de Acapulco.

Escuché a mi madre y ser maestra era una buena idea, recordé a mi maestra Socorro y la dedicación que tenía al enseñarnos, además tendría muchos libros para leer, escribiría muchos cuentos y se los leería a los niños y a la vez también sería escritora y esa idea se arraigó en mi mente.

Así anduve por varios días insistiendo en querer ir a la escuela, cuando mi mamá le dijo a mi papá de mis ocurrencias él dijo que las mujeres no iban a la escuela porque luego salían con su bodoque y ya no estudiaban.

Mi mamá decía que no había dinero para estudiar, pero si quería hacerlo tenía que irme de casa, a la casa de la abuela porque sólo ahí había escuela para mí.

A mis once años de edad tuve que tomar una de las decisiones más importantes de mi vida, me costaba dejar a mis hermanos, a mi madre en esa situación tan difícil que ella vivía y cambiar a una realidad muy distinta a la que no estaba acostumbrada.

Lo único que alegraba mi vida en ese momento, era el saber que estaría con mi abuela, ella me quería mucho y eso me fortalecía.

A pesar de ser inquieta fui muy bien aceptada por mis tíos, fui otra aliada más para las travesuras y juegos que se hacían en el vecindario.

Con la emoción al 100% me presenté el primer día de clases, al llegar al portón el terror se apoderó de mi porque iba entrando cuando uno de los muchachos bromistas me tomó de la mano y al verme tan pequeña me dijo:

__Niña, el kínder queda allá en la población.

Como venía de pueblo, no sabía ni que era kínder, así que como cachorro asustado me metí a la escuela y había otro detalle, eran muchos salones y no sabía a donde ir.

Entre las carreras de encontrar el salón encontré a otra niña que andaba perdida igual que yo, después de dar vueltas uno de los prefectos nos llevó a nuestro salón, aún recuerdo el nombre del salón " Conservación de Alimentos", desde que vi el letrero dije:

¿?

___ ¿Qué es esto?, éstas palabras no las entiendo, pero con todo mi miedo encima a todo lo nuevo me adentré al salón, ahí vi a mi maestra, quien tenía una voz que se escuchaba a una gran distancia.

Al vernos llegar dirigió la mirada a mi persona para preguntarme, por más que pedía que la pregunta no fuera para mí, me la hizo.

___ A ver niña, dime ¿Cuáles son los alimentos de la canasta básica?

Al momento me quedé muda, y no era por no querer contestar, sino que no sabía lo que me preguntaba, la única canasta que conocía era la que ocupaba para ir a vender el pan y no creo que la palabra pan fuera la respuesta.

Como vio que no respondía le preguntó a otro niño, quien me dejó cautivada con su respuesta y su voz, tenía música en sus palabras; con el tiempo éste niño se volvió el poeta del grupo.

Así pasó el primer módulo y sonó el timbre, al principio me asusté porque en mi pueblo tocaban la campana, vi que todos se paraban y yo no sabía a dónde ir, me quedé inmóvil en mi lugar, cuando de repente escuché que uno de los niños me decía:

__ ¡Vámonos al otro salón!, ¡Sígueme!

Y allá me veían corriendo tras aquél niño para encontrar el otro salón de clases.

Así me la pasé todo el día y para colmo en esa escuela implementaban el dictado, a mí nunca me habían dictado en mi pueblo, así que sólo unas cuantas líneas había podido escribir.

Ese día había sido un caos total, se me había hecho larguísimo y ya no quería ir a la escuela, pero el niño que me había estado ayudando durante el día, notó el conflicto que tenía.

En el recreo se me acercó para decirme que no me preocupara que él me pasaría los apuntes, al menos alguien se había dado cuenta de que no entendía nada de lo que ocurría.

Me costó habituarme, pero poco a poco lo logré, tuve la ayuda de muchas personas, en especial del tío que se encargaba de estar al pendiente de mis tareas.

Así como hubo manos de ayuda, también me enfrenté a lo que llaman bulling, todo porque no hablaba, algunas compañeras pensaban que era presumida y apartada, lo que ellas no sabían es que era miedosa y no encontraba la forma de como entablar conversación con los demás.

Durante la secundaria aprendí a valorar el esfuerzo de la familia y a administrar los pocos pesos que me daban para el recreo, para apoyar en casa en este tiempo me dediqué a la venta de quesos y sí que la gente los compraba.

Hubo tiempos de escasez muy pesados, sin embargo, las ganas de aprender estaban presentes en todo momento.

Mirza Asebedo Salina
https://cutt.ly/uE5sama

Capítulo 6

Aprendiendo juntos

Al terminar la secundaria ya no había camino que seguir, el nivel medio superior era más caro y la situación familiar era más difícil, mamá tenía que ver por seis hermanitos en casa y conmigo en su locura de estudiar.

Mi madre me dijo que ella no me podía ayudar más, tenía otros seis hijos que alimentar y el dinero no alcanzaba para estudios.

Recuerdo que yo decía que no podía quedarme ahí, que había muchas cosas que me faltaban por aprender.

Durante este lapso de tiempo me salieron dos opciones, irme con una amiga al convento para ser monja y poder estudiar, tal y como lo había hecho mi poetisa favorita doña Sor Juana Inés de la Cruz, quien era mi mayor admiración y mi estandarte de lucha en ese tiempo.

Y la otra opción era irme con una amiga al Conafe, que también era una buena idea, porque me darían una beca para estudiar otros tres años.

Probé con querer ser monja y se lo planteé a mi madre, quien enfadada señaló:

___ ¡De monja!, ¡Por nada del mundo, yo quiero nietos!, no quiero a una hija que se encierre en cuatro paredes, además ni te queda, vas a ir a echar a perder a esas pobres madrecitas__ Me dijo con tono burlón.

La escuché por un momento y a como me planteaba las cosas era de pensarse.

Mi inquietud daba mucho que decir, con una pelota en la mano no creo que me dejaran usar los hábitos, ni tampoco iba a poder transfórmalos en pantalones.

Lo de ir al convento eran palabras mayores y para colmo debía tener 18 años y yo sólo tenía 14 años de edad.

Ser novicia quedaba descartado, no había vocación en mí para eso, ahora se tenía que intentar ir al Conafe.

 A mi madre no le parecía la idea de dejarme partir tan pequeña a lugares alejados y solitarios, pero como me conocía, me puso a prueba y dejó que fuera a probar suerte, ella decía que yo había nacido con ángel y que ese ángel siempre me iba a proteger, creo que eso me hizo fuerte.

Así me fui al examen de ingreso al Conafe, mi amiga me daba ánimos y yo pues quería la beca para seguir estudiando. Así que me presenté y el primer problema que se me presentó fue la edad, aún recuerdo al coordinador, quien al verme tan flacucha y tan chiquitina me preguntó:

_ ¿Cuántos años tienes niña?

Yo rápidamente le contesté que catorce años, entonces me enseñó una cláusula de la convocatoria y me dijo:

_ Aquí dice que para ingresar al Conafe los jóvenes deben ser mayores de quince años, por lo cual yo no podía ingresar.

Todo mi entusiasmo se desvaneció, pero yo quería seguir estudiando y ya estando a punto de darme por vencida le dije:

_ ¡Deme una oportunidad!, necesito la beca, si no entro al Conafe yo no podré estudiar.

El coordinador me miró con tristeza, volteó a ver a su compañero, platicaron un rato y me dijeron:

_ Te haremos el examen sin compromiso, si lo pasas te quedas, si no lo haces, no podrás ingresar.

El sol volvió a salir para mí, ya tenía una esperanza y no iba a desaprovechar la oportunidad.

Al pasar una semana nos llamaron a hacer el examen y a la semana siguiente publicaron los resultados.

Cuando me puse frente a la lista de los instructores comunitarios y vi mi nombre me puse feliz, la vida me regalaba la oportunidad de ganarme esa beca tan anhelada.

Ese año fue el año de las alegrías, el año de valorar la amistad y los esfuerzos.

Empezamos con las capacitaciones y Dios me dio la bendición de darme por compañeros a unos excelentes seres humanos, mis compañeros me cuidaban porque era la más pequeña y todos me decían que con la chispa que tenía me iba a ir bien en la comunidad.

 Antes de ir a la comunidad nos fuimos de prácticas a diversas comunidades, mi equipo era grande y estaba compuesto por chicas y chicos.

Con toda la emoción nos fuimos a la región de los Chatinos, entrando por Nopala, era una vuelta muy grande, pero no sabíamos eso.

 Todos íbamos cantando muy contentos, así llegamos a la primera comunidad llamada Cerro del Aire.

 Ahí acomodamos a la primera compañera, donde nos enfrentamos a una situación; teníamos hambre, y no hablábamos chatino, así que por señas nos comunicamos con una señora, la cual permitió que usáramos sus trastes y su fogón para preparar un rico almuerzo.

Ya con el estómago lleno salimos de ahí y llegamos a la siguiente comunidad llamada El Camalote ahí dejamos a otro compañero, las personas amablemente nos regalaron plátanos, según que, para el camino, pero nos los comimos nosotros.

Al poco rato dejamos a otros dos compañeros en unas trancas, que por cierto así se llamaba el pueblo, de ahí me tocaba a mí en un lugar llamado " El Destino", pero al llegar preguntamos por la escuela y nos dijeron que ya estaba cerrada por falta de niños.

Así que mis compañeros no quisieron que me regresara solita y una compañera me llevó con ella a su comunidad.

Caminamos todo el día, y ya por oscurecer llegamos a la comunidad llamada Miramar donde se quedó otro compañero y también nosotras, porque ahí nos dieron posada en casa de unos viejitos, quienes nos dijeron:

__ Pueden quedarse con nosotros, no tenemos mucho que ofrecer, sólo un café y un poquito de carne asada.

Eso era la gloria después de caminar tanto, además la carne era de venado, que para muchos de nosotros era una comida exótica, más que la acompañamos con chiles tustas en vinagre.

Al otro día muy temprano salimos a la comunidad de El corozal Grande, un lugar lleno de vegetación y con un hermoso arroyo arrullador.

Las personas de la comunidad nos recibieron amablemente y ahí permanecimos tres días, después los señores nos indicaron una vía más corta para regresar y en efecto así fue.

Lo difícil fue cruzar el río de Manialtepec, porque unos metros antes de llegar al río nos iban siguiendo unas vacas y al entrar corriendo me dio calambre en los pies, por lo que mi compañera tuvo que ayudarme a salir del río, lo bueno que estaba alta porque si no hubiese sido así, no sé qué hubiese pasado conmigo.

Después de unos meses sortearon las comunidades y esta vez me tocó una comunidad que se llamaba "El Obispo", un lugar natural, lleno de belleza y color, tanto por la vegetación como por la fauna que cobijaba.

Muy emocionada salí de casa para tomar la camioneta que me llevaría a la comunidad, estaba feliz porque sólo se caminaba una hora, según la información recabada.

Recuerdo que íbamos subiendo el cerro en una pasajera, pero a media serranía la camioneta se descompuso, en ese momento quedé impactada porque no conocía el lugar donde estaba, pero un señor ya grande me dijo:

__ ¡No tengas miedo! Yo voy por donde vas a ir, te acompaño a tu comunidad.

Y nos fuimos caminando, al poco tiempo empezó a llover, mis zapatos blancos se volvieron naranjas por la tierra colorada de la brecha.

Mi vestido de florecitas se pegó a mi cuerpo flacucho, pero mi felicidad era más grande y más fuerte que la lluvia que caía; iba a conocer la comunidad donde trabajaría, era algo nuevo.

Después de dos horas de camino llegué a la comunidad, al lado del camino había dos casitas, una era la capilla y la otra era la tienda comunitaria, a unos metros de ahí había otra casita y era a la que llegué, a la puerta estaba una señora muy amable con quien me presenté:

__Soy la nueva Instructora Comunitaria de la comunidad. __ Le dije.

Con gran asombro me miró de pies a cabeza, al contemplarme toda empapada, con los zapatos en la mano y una mochila en la espalda me dijo:

__ Pero usted es una niña, no se va poder acostumbrar a éste lugar.

Me miró por un momento con cara de desconfianza, pero al fin me hizo pasar, me dio un café y una rica sopa, después me di un baño y al terminar me dijo:

__Es necesario reunir a la gente para presentarla y ver el lugar donde se va a quedar porque la comunidad queda al fondo de la barranca, nosotras vivimos en la orilla.

Después de platicar un rato, tomó un cuerno de vaca de la capilla y empezó a soplarlo, lo sopló varias veces y esperamos un rato.

De repente la gente empezó a llegar, me presenté con todos los nervios del mundo y ahí decidieron donde me iba a quedar, después me llevaron a conocer la escuela.

Yo estaba encantada de estar ahí, iba de un lugar caluroso a un lugar frío, donde el aroma a encino se mezclaba con el olor de los pinos y esa niebla que nos envolvía al caminar, era un paraíso a mis ojos.

Todo mundo se impresionó por mi edad y mi estatura, estaba muy chiquita para andar por esos cerros me decían, pero para mí era una nueva experiencia que me estaba pareciendo sensacional.

Después de caminar un rato llegamos a la escuela y sí estaba al fondo del camino, el lugar parecía una olla, pero era muy bonito.

La escuela tenía dos aulas, pero una de ellas estaba en mal estado y se ocupaba de bodega.

Ahí conocí al presidente del Comité de Padres de Familia quien me dijo que por costumbre en casa del presidente se quedaban los instructores.

No se habló más del asunto y nos fuimos a su casa, ahí vivían cinco jóvenes y dos niños, los niños serían mis alumnos y yo dormiría junto con las dos muchachas de la casa.

Así comencé a trabajar, eran pocos niños, al principio tenía miedo y en mis adentros decía:

— ¿Y ahora que les enseño? O ¿Cómo les enseño?

Pero con los manuales de Conafe me fui adaptando, a la salida me iba con los niños a sus casas donde me tocaba comer o la casa donde me quedaba.

Fueron días de muchos aprendizajes, tanto los niños iban aprendiendo como yo.

Para que no me pusiera triste los jóvenes donde me quedé me llevaban a conocer las comunidades vecinas.

Mis compañeros se turnaban para irme a visitar, porque nos quedábamos en la comunidad todo un mes y luego teníamos que reunirnos para capacitarnos.

Cada reunión era música a los oídos, todos estábamos maravillados siendo instructores comunitarios.

También tuvimos experiencias difíciles, como, por ejemplo, cuando la esposa del señor que era el nuevo presidente del Comité de Padres de Familia iba a dar a luz.

Ese día estaba a punto de dormirme cuando llegó el presidente a buscarme y me dijo:

__ Mi esposa va a dar a luz, pero está débil, va a ser necesario ir por el doctor, como usted es la maestra de la comunidad quiero que me acompañe a traerlo.

Dios santo, se me hizo feo decir que no, imaginaba las tres horas caminando a Juquila, pero con todas mis imaginaciones nos fuimos muy temprano por el Doctor.

Al llegar al centro de salud, el Doctor nos dijo que no podía ir y que estaba solo, que lo único que necesitaba la señora era ponerse unas inyecciones para tener fuerzas para el parto.

Me miró de arriba abajo y me preguntó: __ ¿Sabe usted inyectar?

Rápido le contesté:

__ ¡Ni lo mande Dios!

Y me dijo:

__ ¡Pues aquí va a aprender! _ con tono burlón.

Así que me explicó cómo y dónde inyectar y por fin nos regresamos a la comunidad, el camino se me hizo ligerito, parecía pajita, tan sólo en pensar que tenía que inyectar a la señora y para colmo tenía cuerpo de modelo, era muy delgadita, esto hacía que llevara un manojo de nervios.

Llegamos a la comunidad, fuimos a la casita del presidente y encontramos a la señora cocinándoles a sus pequeños, tenía otros 4 hijitos más.

Su esposo le platicó que el Doctor no había podido ir, pero que yo la iba a inyectar. La señora muy tranquila se acostó y me dijo:

__ ¡No tenga miedo!, es sólo clavar la aguja.

Tomé la jeringa de la vitamina, le puse la aguja y se la clave en la pompa y ahí la dejé, quería salir corriendo, pero la señora me animó:

—Ya la metió ahora apriétele a la jeringa para que se vaya el líquido, de ahí saca la aguja y ya.

Con miedo lo hice y así iba a inyectarla cada tercer día; al poco tiempo tuvo a otro hermoso bebé.

Otra experiencia de aprendizaje fue cuando llegaron los materiales de la escuela y llegó una máquina de escribir, la cual yo no podía utilizar así que le dije al presidente que no podía usar la máquina, él me contestó que eso no era problema, que había una persona que venía a la comunidad cada ocho días de visita y que él me enseñaría.

Y así fue, el señor vino y con toda la calma del mundo me dijo:

_ Tranquila maestra, lo poco que se, se lo voy a enseñar.

Le puso la cinta y hojas a la máquina y empezó a enseñarme, empecé con un dedo y luego usé los demás, al inicio le hacía hoyos a la hoja con las letras por lo fuerte que apretaba las teclas, después no había quien me quitara de ahí, ya mis poemas ya no los escribía en el cuaderno, ya los escribía con la máquina.

Me aferré tanto a escribir que me animé a enviar uno de mis poemas a un concurso en Conafe, recuerdo que el regalo era que publicaran nuestro poema en el periódico de Conafe, en ese tiempo era un privilegio aparecer en las páginas de ese periódico porque circulaba por todas las comunidades que pertenecían al programa.

Así que envíe mi poema favorito " La luz", y cuando lo vi publicado, no lo podía creer, se lo enseñé a todo mundo y para mí era un gran logro a mis 14 años.

Fue difícil animarme a enfrentar distintas problemáticas, pero gracias a Dios y al apoyo de las personas de la comunidad, compañeros y capacitadores pude terminar el año de servicio, así logré regresar a mi pueblo para seguir estudiando.

Entre al nivel medio superior confiada en el apoyo de la beca, al llegar también la escuela también me becó y me confié que con dos becas iba a poder salir adelante, pero no fue así, por el traslado de la casa de mis padres los gastos habían aumentado, así que tuve que buscar trabajo y encontré en la agencia de policía de mi pueblo haciendo los documentos, el agente me apoyó diciéndome como hacerlos y yo los hacía.

De ahí llegó un programa para dar asesoría a las madres del pueblo, el agente me recomendó y yo impartí el taller de Educación Inicial y fue otro apoyo económico más.

 Cuando ya las últimas monedas se me acababan, un compañero del pueblo me llevaba en su bicicleta, pero a la escuela llegaba porque llegaba, recuerdo que un día llegué a la escuela hasta en el carrito de las nieves.

Fue así como terminé el Bachillerato, pero aún no se lograba mi meta, faltaba un peldaño más y el más difícil de todos.

Acá me enfrenté a una situación difícil, como ya trabajaba y veía que podía ganar para mis gastos por mi mente cruzaba la idea de trabajar y dejar los estudios, porque cuando se es joven ve uno las cosas a la ligera.

 Sin embargo, a mí me ayudó el platicar con mis padrinos (los viejitos vecinos), ellos me decían que no perdiera de vista mi objetivo, que si quería tener una carrera que fuera por ello sin importar lo que se me presentara en el camino.

Sus palabras me acompañaron y me hicieron permanecer firme en todo momento, porque hubo situaciones que se presentaron donde quería dejarlo todo, ya sea por falta de economía o por vivencias difíciles que tuve que enfrentar.

Debemos valorar a nuestros ancianos, ellos son sabios, tienen experiencia y un consejo de ellos es como si apareciera un oasis en pleno desierto.

Mirza Asebedo Salina
https://cutt.ly/uE5sama

Capítulo 7

¡Corre!

Cuando terminé el Bachillerato yo estaba muy triste porque sabía que los estudios hasta ahí podían haber llegado, aunque en el programa de Educación Inicial me ofrecían un puesto, yo sabía que lo mejor era estudiar una carrera, pero mi pregunta era:

__ ¿Cómo le hago para continuar?

No contaba con ningún apoyo, si al caso podía contar con la comida en casa y todo lo demás no sabía el cómo conseguirlo, así que me acerqué con un maestro que me había apoyado mucho con libros para hacer mis trabajos y le conté mi situación:

__ Tengo dos opciones- Le dije. _ Volver a ingresar al Conafe y perder otro año de estudio o cubrir interinos y estudiar la UPN, ¿Qué me recomienda?

El maestro de inmediato me dijo:

__ El Conafe ya no es reto para ti, vete a cubrir interinos y estudia la UPN.

Estudiar la UPN y cubrir interinos era la primera opción, así que llevé mis documentos a la supervisión escolar para intentar cubrir interinos, pero para mi suerte no hubo servicio de interinos, ese año no había maestras embarazadas.

Ya con el tiempo encima, decidí volver a ir a Conafe, pensando que sería más fácil, pero fue el año de la prueba, ahí enfrenté una situación de acoso muy bochornosa en la cual tuvieron que intervenir mis superiores para su solución, pero la situación más difícil la viví en una de las capacitaciones de Conafe.

Este capítulo se llama ¡A correr se ha dicho! por un suceso que por muchas noches me quitó el sueño y lo comparto porque como mujeres debemos vencer el miedo con valentía y coraje.

Un día que estábamos en capacitación vimos a unos jóvenes que daban vueltas y vueltas por el aula en la que estábamos trabajando, sin imaginar lo que pasaba por sus cerebros.

Al terminar la sesión todos salimos, pero a mí me dieron ganas de ir al baño y se me hizo fácil ir, sólo sería un ratito.

Los baños del lugar estaban hasta el rincón y se entraba y salía por una sola puerta, dentro había como diez excusados, pero a mí me gustaba ir hasta los del fondo, al ingresar al baño miré hacia atrás y vi a una compañera sentada muy cerca de ahí y dije:

__ Aún no se van todos, voy y regreso rápido. Entré y para salir rápido me coloqué la mochila en la espalda y me fui al penúltimo excusado.

Ni bien había entrado cuando de repente escuché pasos en la entrada. Por un momento pensé que era la compañera que estaba afuera y que iba al baño, pero en ese momento la puerta se cerró con fuerza.

Eso no era bueno, me turbé por un momento y me dije:

__ Si no había nadie afuera. ¿Quién podrá ser?

Eso no se me hizo normal, así que me levanté rápido y escuché como iban abriendo las puertas de los excusados una tras otra azotándolas, entonces decidí salir del excusado y ver lo que pasaba, ahí frente a mí, vi a un hombre que venía en mi dirección, traía una playera amarrada en la cabeza y con mucho temor le grité:

_ ¿Qué haces aquí?, ¿Acaso no sabes que es el baño de mujeres? (Creída que se había equivocado de baños).

Pero no se detenía y seguía avanzando hacia mí, ya cuándo lo tenía enfrente le dije:

__ ¿Qué buscas aquí? _ Con voz temblorosa.

Ya antes en la comunidad me habían asustado tocándome la ventana por las noches y ahora ésta situación, pensaba que era una maldición que me perseguía.

Aunque ahora, era más complicada la situación y estaba completamente sola e indefensa; pero en ese momento recordé las palabras de un tío que estaba medio loco y que tenía muchos arrebatos, él siempre me decía:

__Nunca dejes que la gente te haga daño, si alguien te ataca, empuja y corre, pero corre lo más rápido que puedas, era mi única opción, no había otra.

El hombre trató de agarrarme los hombros y quiso empujarme hacía atrás, entonces giré y lo empujé hacia el excusado y me dije:

__ ¡A correr se ha dicho!

Salí a toda carrera, le di un jalón a la puerta y la puerta no se abría, le di otro jalón más fuerte pero mi mano se enganchó al seguro con un reloj que traía, pero no me importó el reloj, sólo miré de reojo hacía atrás y vi cómo el hombre salía del excusado y ya casi me pisaba los talones, abrí rápidamente y corrí y corrí.

Sólo Dios sabe cómo salté la banqueta del baño, sólo sabía que mis piernas se movían sin parar y que yo no veía lo alto, sólo quería estar a salvo.

No sentí el cansancio, ni el recorrido, sólo sé que me fui corre que te corre hasta llegar a la entrada de la escuela sintiendo las pisadas de ese hombre y pensando en que me jalaría de un momento a otro.

Cuando vi a mis compañeros me paré, pero mi respiración estaba muy agitada, mi piel estaba más blanca que el papel y las palabras no querían salir de mi boca.

Al verme tan asustada me preguntaron:

___ ¿Qué tienes, por qué estás así?

Lo único que les pude decir:

__ ¡Un hombre me viene siguiendo, me quiso atacar en el baño!

De inmediato mis compañeros lo fueron a buscar, pero ya no lo encontraron, algunos no me creían, pensaron que lo había imaginado, pero les enseñé mi mano y vieron como traía lastimada la muñeca y les dije que mi reloj se había quedado tirado en la puerta, pero tampoco apareció.

Ese día llegué muy asustada a casa, le conté a mi familia lo ocurrido y me dijeron que tenía que reportar el suceso, porque cualquier otra compañera estaba en riesgo.

Esa noche no pude dormir bien, ni bien cerraba los ojos y veía a ese muchacho y me despertaba gritando, me aterraba el sólo imaginar que ese joven me hubiese hecho algo malo.

Al otro día todo estaba tenso, mi capacitador me llamó y me preguntó si en verdad había sido atacada y yo le dije que sí.

Así que me dieron la oportunidad de poner en alerta a mis compañeras para que no fueran solas al baño y así lo hice, pero algunas lo tomaron a juego, aunque ya no iban al baño tan confiadas.

Ya el último día de la capacitación todos salimos como de costumbre despidiéndonos, cuando de repente escuchamos unos gritos aterradores, todos volteamos y vimos como venía corriendo una de mis compañeras temblando de miedo.

Al llegar se desplomó en el suelo y gritó:

__El hombre, el hombre del baño me quiso atacar.

Mis compañeros no esperaron y corrieron a buscarlo, pero tampoco lo encontraron.

Nuestra compañera nos contó que el muchacho la había atacado, pero que esta vez iba cubierto con un pasamontaña y una navaja; que le puso la navaja en el cuello y que por las zapatillas que se había quitado y llevaba en las manos pudo golpearlo y salir corriendo.

Mi compañera entró en una crisis de pánico y no dejaba de llorar, para mí era volver a vivir el suceso.

Al verla tan mal, los capacitadores nos regresaron al salón y fuimos a hablar con un auxiliar de la escuela sobre lo sucedido, el cual nos dijo que fuéramos al otro día temprano a dar el reporte.

Regresamos al salón y contó la respuesta dada y me pidió que tratará de recordar el rostro del muchacho que nos había atacado, porque era la única que lo había visto.

Esa noche me la pasé recordando lo sucedido y recordé el rostro del muchacho, era uno de los que habían andado dando vueltas alrededor del aula, lo recordé porque tenía el rostro lleno de granos.

Al otro día llegamos a la escuela muy temprano y ya el director nos estaba esperando, nos pidió disculpas y nos dijo que eso jamás había pasado en la escuela, que ellos se harían cargo de la situación pero que ya no moviéramos más el asunto para no meter en problemas a la escuela con una situación así.

Los capacitadores hablaron a Oaxaca con los coordinadores y nuestra sede de reunión se cambió de lugar; así tuvimos mayor seguridad.

Cuando salimos de casa como mujeres nos enfrentamos a muchos peligros por la mente perversa de muchas personas, en ese año me sentí muy triste porque conocí la parte mala de algunas personas, pero aprendí a ser diligente, a ser más cuidadosa y a no ser tan confiada.

No necesitamos ser muy bellas para enfrentar situaciones así, a cualquier mujer le puede pasar. Nosotras hablamos y gracias a Dios no nos pasó nada porque nos defendimos y el hombre era sólo un muchacho drogado.

Sin embargo, en los diferentes medios de comunicación se oye del ataque a las mujeres y es muy triste ver tantas muertes, por lo que les pido a las mujeres que lean estas líneas que eviten andar solas y con las manos vacías, que nunca se queden calladas, que el miedo no las paralice, pónganse fuertes, defiéndanse con lo que tengan a la mano y corran hasta donde encuentren auxilio.

Y a los hombres les pido que cuando quieran agredir a una mujer recuerden que tienen una madre o familiares que son mujeres y que al igual que ellas las otras mujeres también deben ser respetadas.

Y si vemos que alguien es agredido, apoyemos, pidamos auxilio, porque hoy es esa persona, pero mañana puede ser cualquiera de nosotros y ser atacado es la peor experiencia que se puede vivir, es una experiencia que nos marca para toda la vida.

Este trauma me persiguió por mucho tiempo, hasta que Dios me llenó de su paz y me quitó el miedo para acercarme a las personas.

Mirza Asebedo Salina
https://cutt.ly/uE5sama

Capítulo 8

¡Lo hicimos!

Al culminar el servicio en Conafe estaba indecisa a dónde ir, porque en un principio quería irme con mis amigas al internado de Tamazulapan, pero no obtuve el permiso de mi madre, ella me dijo que si quería estudiar para ser maestra lo hiciera acá en Río Grande, para qué tenía que ir tan lejos, si acá había una escuela y en eso tenía mucha razón.

En la comunidad cristiana donde había estado dando mi servicio me hablaron de Dios y la idea de ser maestra tambaleaba en mi cerebro, porque también me llamaba la atención ir a la escuela bíblica, entonces un día le dije a Dios:

__ Si tu voluntad es que sea maestra, ahora que vaya a hacer el examen de admisión que lo pase y si tu voluntad es que me vaya a la escuela bíblica, que ese examen no sea aprobado.

Y así lo hice, le pedí a las personas de la comunidad que oraran y que en manos de Dios quedaba esa decisión tan importante.

Recuerdo que ese año, en la escuela se habían dado cambios, uno era que sólo se aceptarían a treinta aspirantes y que los resultados se publicarían en el periódico de Oaxaca.

Con muchos nervios asistí al examen, ahí encontré a algunos compañeros de Conafe y vi entrar a muchos aspirantes.

Al principio ya me estaba dando por vencida porque veía a unos muchachos muy grandes y muy bien vestidos, que me sentí muy chiquita y en mi cerebro solo estaba el número 30.

Sin embargo, se tenía que hacer el examen y nos dispusimos a hacerlo. Después de una semana los resultados fueron publicados, yo no sabía ni donde conseguir el periódico, pero mis tíos ya se habían adelantado y ya lo habían comprado, cuando iba llegando a la casa de mi abuela había un gran alboroto, una de mis tías me dijo:

__ Hija, tu nombre no aparece en el periódico.

Escuchar eso, heló mi cuerpo, pero sabía lo que tenía que hacer, mis pies se paralizaron y tan solo me di la vuelta.

Ya no llegué a la casa y me regresé al centro de la población para tomar el microbús hacia La Soledad, iba con las ilusiones rotas y estaba a punto de subir cuando oí los gritos de una amiga:

__ ¡Quedaste, quedaste en la Normal!

Al mismo tiempo que gritaba corría con un periódico en la mano. Caminé a su encuentro, vi el periódico y en efecto, ahí estaba mi nombre con letras muy chiquitas, por eso mi tía no las había visto, no lo podía creer, estaba en shock, era maravilloso saber que estudiaría para ser una maestra como mi maestra Socorro.

Mi compañera me felicitó y me dejó más tranquila, ya tenía donde estudiar y lo más importante, llevaba la bendición de Dios.

Ese fue el inicio de mi carrera, llegué a la Normal muy emocionada, siempre había admirado a los estudiantes de la Normal, los veía con su uniforme y decía:

— ¿Podré ir un día a esa escuela?

En mi pueblo era el nivel más alto y al estar ahí dije:

— ¡Sí pude llegar!

Al inicio no me adaptaba al grupo que me había tocado, porque extrañaba a mis amigos del Bachillerato y ellos ya iban en segundo grado y yo apenas en primero.

Mis amigos me animaban y decidí relacionarme con mi nuevo grupo, hice equipo con cinco compañeros del grupo, puros que hablábamos hasta por los codos y viciosos del futbol.

Todo iba de maravilla, ellos me estaban enseñando los trucos del juego, hasta que se decidió hacer un movimiento estudiantil y se suspendieron las clases.

Algunos de nuestro equipo quedaron en el comité y a los otros que quedábamos libres nos eligieron para acompañar a la mesa negociadora ante el Director General del IEEPO.

Como todo joven fuimos con el coraje y el optimismo de obtener respuestas satisfactorias, pero nos faltó organización y a la hora de encerrar a las autoridades educativas se nos escaparon por una puerta trasera y los encerrados fuimos nosotros.

Esa noche la pasamos en la Delegación de Servicios Regionales, los líderes avisaron a la base y fueron a respaldarnos un grupo de jóvenes arrebatados, llamados "El grupo de los istmeños", ellos tenían la misión de rescatarnos.

En ese grupo conocí a un joven que cambiaría el rumbo de mi vida, muchas cosas estaban por venir, pero era parte de la experiencia.

Toda la noche resguardamos el lugar y al otro día lo liberamos, de ahí regresamos a nuestra escuela, donde el chico que conocí en el movimiento me aguardaba a la salida.

Esa etapa fue un poco triste porque mis amigos se alejaron y desde entonces nos concretamos a puro trabajo, porque no estaban de acuerdo con el noviazgo del chico del otro grupo.

El chico del otro grupo tampoco quiso ceder y seguí platicando con él durante el trayecto de la escuela a la casa de la abuela.

En el transcurso del año volvió a surgir el problema de la economía, en esta escuela no me permitieron disfrutar de dos becas.

Aún recuerdo las palabras del Director cuando le fui a solicitar la beca de la escuela, me dijo:

__ Un niño no puede tener dos dulces, cuando hay otros que no tienen nada.

Yo le contesté:

__ ¡Claro que sí puede tenerlos si se los ha ganado!

Discutimos la situación, pero no dio su aprobación porque éramos varios los estudiantes de Conafe y las becas eran pocas.

Por lo que tuve que buscar trabajo y lo encontré en una taquería y un maestro me apoyaba dándome trabajos o reportes de investigación para pasarlos a máquina.

Mi patrón decía que yo era su secretaria, me trataban muy bien, yo era la mesera y fue una experiencia bonita porque me hicieron sentir como parte de su familia.

Estuve con ellos como tres años y medio, hasta que me casé, porque me casé siendo aún estudiante y me embaracé en el año de servicio, fueron locuras que hicieron que muchas personas pusieran el grito en el cielo, pero, así como hubo señalizaciones, también tuve bendiciones, en especial con mi maestro tutor de prácticas, quién me enseñó muchas cosas al observarlo trabajar, pero hay algo que no olvidaré de él, su humildad, ese valor que ya muy poco se aprecia.

Durante mi servicio tuve a mi primera hija y aunque fue pesado ser madre y estudiante hubo el apoyo de compañeros, de los maestros donde prestaba mis servicios y de mi asesora de documento recepcional.

Mi maestro tutor de prácticas apoyó mi propuesta de trabajo y pude realizar todas mis actividades con todas las facilidades.

En ese año logramos triunfos con nuestros niños y eso fue satisfactorio, cuando terminé mi año de servicio los padres de familia tuvieron el detalle de hacerme una despedida muy significativa.

Había tantas personas a quién responderles por sus apoyos, que yo tenía el compromiso de dar mi mayor esfuerzo para no defraudarlos, en especial sentía el compromiso con mi familia y con el pueblo donde había crecido.

Así terminé mis estudios, recuerdo con grata alegría que en mi clausura estuvo mi madre, mi tío, mi suegra, mi hija y hasta don Lalo, un señor de mi comunidad que me apreciaba como a una hija y que llevó su microbús para llevarnos al pueblo.

Al llegar al pueblo me emocionó ver a mi padre y a mi gente esperarnos para celebrar el logro de uno de los proyectos que tenía en mi vida, en el cual también ellos participaron.

Todos nos emocionamos por lograr nuestros objetivos, en mi grupo había muchos compañeros que pasaron por pruebas muy difíciles y que al igual que yo tuvieron que trabajar mucho para lograr uno de nuestros sueños, la carrera. Y ese día disfrutamos al máximo nuestra graduación.

Había terminado una etapa y en breve tiempo se abría otra, no sabía en ese momento lo que la vida tenía para mí, pero yo llevaba un motor muy importante para salir adelante y ese motor era mi nueva familia, con la cual tenía que comenzar una nueva historia.

Memorias con vida: Se vale soñar.

AGRADECIMIENTOS

Primeramente, mis agradecimientos son para Dios, porque me ha dado mucho más de lo que le he pedido, ha sido fiel y bondadoso y a lo largo de mi vida no me ha dejado sola.

También agradezco de corazón a mis padres porque me enseñaron a ser fuerte ante la adversidad, a esforzarme por lograr mis metas y por los valores que me inculcaron.

A mis hermanos carnales y de la fe por todos sus apoyos y oraciones, al pueblo donde crecí porque siempre me animaron y pude sentir su estima, a mis amistades porque tuve palabras de aliento cuando la adversidad tocaba las puertas de mi vida.

A mis hijas por ser mi motor de lucha, porque cuando creí perderlo todo y que nada tenía sentido, ellas estuvieron ahí para sostenerme.

Mis infinitas gracias a mi mentor, al profesor Francisco Navarro Lara y familia, por enviarme la invitación al curso, por su paciencia en enseñarnos detalladamente la metodología para escribir a la velocidad del sonido y por motivarnos a luchar por nuestros sueños.

A mis compañeros por sus observaciones y sus aportes para mejorar mi libro y a todas las personas que influyeron para que este proyecto de vida se hiciera realidad.

Mi sueño más anhelado era publicar un libro y ahora que se concreta sólo puedo decir:

_ Muchísimas gracias a todos, porque hubo manos que no conocía y se extendieron para ayudar en todo momento, eso me muestra que el amor de Dios es inmenso y que él todo lo acomoda para bien.

¡Gracias!

Mirza Asebedo Salina
https://cutt.ly/uE5sama

Memorias con vida: Se vale soñar.

INDICE

CAPITULO 1.- Un nuevo hogar.

CAPITULO 2.- ¡De castigo a la escuela!

CAPITULO 3.- Los reyes magos.

CAPITULO 4.- La espera.

CAPITULO 5- ¡Yo quiero estudiar!

CAPITULO 6.- Aprendiendo juntos.

CAPITULO 7.- ¡Corre!

CAPITULO 8.-. ¡Lo hicimos!

Made in the USA
Coppell, TX
29 November 2023